AF436806

Paola, Io

Paola Mattioli

EDIZIONI WE

Per contattare l'autrice:
mattiolipaola3@gmail.com

Fotografie di Giancarlo Donatini
(fotografo professionista)

ISBN 979-12-5497-142-0

©2023 Edizioni WE di Nicola Bergamaschi
Via Paulli 10/A – 26015 – Soresina (CR)

www.clickpertutti.com
www.edizioniwe.com
www.facebook.com/edizioniwe
www.instagram.com/edizioniwe
info@edizioniwe.com

PREFAZIONE
di Nicola Bergamaschi*

- I -

Paola Mattioli, con questa nuova raccolta poetica, supera se stessa: non solo bellissimi versi su tante tematiche a Lei care, anche bellissime immagini del Maestro Giancarlo Donatini (fotografo professionista), nelle quali la Nostra autrice si mette in gioco per trasmetterci forti emozioni.

Possiamo realmente percepire l'anima dell'Autrice.

Leggiamo, quindi, ogni parola con attenzione, poiché sono tanti i contenuti proposti che giungono a Noi come preziosi gioielli per arricchire le Nostre esistenze.

La ringraziamo per essere riuscita a coinvolgere tutti i nostri sensi.

Buona lettura.

Nicola Bergamaschi

* *Editore delle Edizioni We.*

Paola, Io

◆

Alla me interiore

Ai lettori

1
Io e i sentimenti

Casa mia

A volte
vado via
ma ti sento vicina
casa mia.

Sei il rifugio,
il nascondiglio
che prediligo
sei antica
come il guscio
di una tartaruga.

Vorrei portarti con me
e non lasciarti mai sola.

Cara Casa Mia!

Scrigno dei tesori

L'anima è racchiusa
dentro un forziere
dove i tesori vanno a nascondersi,
felice di vivere,
si raccoglie e rimane avvolta
in sé stessa,
fino a sentire
il bisogno di emergere
donando emozioni,
visioni nuove.

Lo scrigno racchiude
ricordi dimenticati
sogni nascosti e giochi infantili,
aprirlo non è semplice,
occorre pazienza e fortuna.

È un'anima giovane
in un corpo di donna
trasuda vita,
voglia di vivere
ogni giorno.

Vuoto mentale

Vuoto mentale,
pensieri che volano
alla ricerca di sé stessi,
rincorrono
si incontrano e sfiorano
la mente persa
in un oblio permanente.

Sono immersa al quadrato
senza tregua
in questo lungo e lento cammino
verso la meta.

Com'è bello!

Com'è bello,
osservare
il silenzio della sera,
così pallida e lunare,
osservi il profilo di una casa
e lo sguardo
cade in alto,
sul tetto,
un grosso camino
sembra salutarti
e nel buio della stanza
nulla è più vero,
nel silenzio e nell'oscurità
osservi le luci della sera
che ombreggiano la casa.
Com'è bello,
il buio,
nella quiete della sera!

Voglia

Voglie nascoste,
addormentate
o vive.

Voglia di qualcosa
di vero
unico,
ricordare il mio vissuto,
dimenticato in un cassetto.

Voglia e voglie
di ciò che è restato
o perso,
non lontano da me,
o dalla realtà.

Vena blu

Vena blu
o vena rosa
follia
fragilità
o felicità artistica,
cambia solo la parola
che l'accompagna.

Ogni cosa muta,
se le parole
sono diverse.

Vena artistica o vena bugiarda,
guida la scelta
della vita.

Canzone

Questa canzone,
ricorda parole
mai scritte,
dimenticate
perse
e lontane da me…

forse chiede ascolto,
memoria,
sentimenti,
pensieri futili
frullano nella mente
e vanno a nascondersi nel cuore,
dove giacciono i silenzi della notte.

Amore nel mondo

Il lato dell'amore
mostra
sensazioni e sentimenti
diversi,
è un sentire
qualcosa di impalpabile,
ricordo e apprezzo,
così la vita.

È donare o ricevere
amore
in ogni sua forma
per arricchirmi.

È un pensiero,
una domanda
senza risposta,
a volte
è importante pensare e riflettere,
donando Amore nel mondo.

Percorso difficile

Sbriciola il cammino
della vita,
attraverso lei,
io,
arrivo lenta,
fugace
è il respiro
difficile
il percorso,
tentare
è necessario
per arrivare in cima,
alla meta
dove ogni cosa resta.
Camminare a testa alta,
ricominciare
e seguire la scia
fino a scomparire…

2
Io e la natura

Universo

L'Universo mi appare,
unico e speciale,
una distesa d'acqua,
un mare d'erba,
è percorso di vita,
nasce e si plasma.
Vorrei vedere e ascoltare
i suoni del mondo,
accendere i cuori spenti,
cullare i desideri degli altri,
ammirare le bellezze della vita
e stringerle tra le dita.

Tutto Tace

Osservo,
cespugli lussureggianti
un luminoso tramonto,
sulla sabbia
sbriciolata e fine
il corpo è immobile,
attende
un segno dal mondo,
un quadro marino
si confonde con il cielo,
mentre tutto tace.

Un albero

Vedo
un tronco a tre mani,
rude, segnato, vissuto,
cespugli fragili e verdi
ricordano
momenti di vita lenti e stanchi,
mani
spuntano ancora,
piccole venature
portano pensieri
lontani,
avvolgono il mio corpo
di silenzi profondi,
di profumi bagnati,
sparsi i suoi capelli fini
verso il cielo,
lassù
dove il sole li colora.
Albero,
raccogli e racconta
i tuoi misteri
e portami con te
negli azzurri cieli.

Girasole

Volge il viso
al sole,
luminoso e silente,
accogliente e discreto,
rivolge lo sguardo
al cielo,
tocca la mano
al sole,
racchiude tra i petali
la vita.

Risaie al tramonto

Risaie,
ricordano le mondine,
che intonavano
canti malinconici
nelle giornate del raccolto.
Sentieri stretti sugli argini
coperti da arbusti e licheni,
lucentezza dell'acqua
in un sole tramontato.

Inverno

Soffice neve,
bianca e morbida,
ombre,
lasciano segni,
calpestata e sofferente
fredda e gelida,
ricopri le città
di un manto bianco,
puro e delicato
come il velo
di una vergine.

3
Io e i paesaggi

Matera

Città antica
storica e beltà,
spazi rocciosi e verdi,
sei risorta dal passato
a oggi,
ricordi l'amore
per la storia,
la cultura.
Capitale di rilievo
di evoluzione nel mondo.

Capitale della cultura 2019

I sassi di Matera

Cavità scavate nella roccia,
raccontano segreti
del passato contadino,
ricordi profondi e difficili,
segni
di una civiltà sofferente,
dignità superata e aiuto,
per un paesaggio affascinante,
i suoi sassi.

Matera e Levi

Matera
rinasce,
"Cristo si è fermato a Eboli".
Grazie a Levi,
si Parla,
si Agisce,
si Cambia,
si Trasformano
i quartieri, i borghi,
per uscire
dalla vergogna nazionale.

Festa 2 Luglio

Città devota
alla patrona,
Madonna della Bruna.
Festa religiosa e folcloristica,
radici profonde uniscono
il popolo alla sua patrona,
con devozione e spiritualità
accoglie l'identità materana.

Memoria Materana

Matera
città della memoria,
lascia un passato da raccontare,
presente e futuro ai posteri.
Perla di saggezza, di sapienza
tramandata di generazione
in generazione,
attraverso la scoperta dei suoi luoghi
all'ascolto dei suoi silenzi.

4
Io e la vita

Sapori antichi

Sapori di cose dimenticate,
usurate da tempo,
vecchi e logori oggetti
lasciano ricordi antichi,

cancellati e non raccolti,
consumati e trascurati
dal pensiero del passato.

Ogni segno è desiderio,
per chi lo raccoglie
e sfiora
la polvere del tempo.

Profumi e sapori antichi
di un passato che ritorna.

Una sigaretta è accesa

Una sigaretta tra le dita
percorre il tempo
senza vederlo,

luci abbaglianti nella notte
scuotono
senza scalfirti,
note stonate
ti svegliano dai pensieri
sparsi nella mente,

rumori e frasi silenti
distraggono,
osservi,
fuori da te,
una finestra,
una luce filtra
illumina la tua figura,
risveglia il torpore mattutino
di una giornata sbagliata.

Pensieri persi

Camminare a passo leggero,
senza meta,
pensare a testa china,
contare i passi scomposti e insicuri,
guardare senza vedere,
sguardi sparsi,
respiro lento e lieve
si confonde con il resto del mondo.

Fastidio, insicurezza,
abbandonarsi semplicemente,
alla ricerca di cose semplici,
alle cose che la vita ti offre,
desideri, sogni incompiuti
risultati difficili,
incongruenze lecite,
fatiche che nascono
e vanno a nascondersi
nei più intimi segreti
di un pensiero perso.

Nasce così, forse
il desiderio,
di vivere pienamente
ogni attimo
che la vita ti regala,
ricominciare sempre,
con la voglia
di guardarmi allo specchio.

Amore materno

Lasciatemi inerme così,
senza forza,
mi accingo alla vita
non regala nulla
vorrei fuggire
e trovare conforto
tra le tue braccia,
sentire il calore dell'amore.

Maschere

Colori, disegni,
appaiono
su visi giocosi,
solchi profondi,
storie dimenticate,
dolori nascosti,
sguardi penetranti
e lascivi.
Pensieri fragili
inondano il sentire,
non lasciano spazio
ad altro,
che non sia te stesso.

Bolle di sapone

Lucenti, grandi
profumate bolle,
ricordano tempi antichi,
quando,
come soffi
uscivano dalle bocche
innocenti dei bambini,
sorvolavano nell'aria
creando forme curiose
e sembravano non svanire.

Risate, sospiri, allegria
si respiravano quel giorno
sembravano non finire mai
come solo una bolla può dare,
nasce, vive
e poi muore
dolcemente,
lasciando ricordi fantasiosi
in ognuno di noi.

L'intrusa

L'intrusa cammina
nella via,
i passi sfiorano,
il selciato bagnato,
incurante della gente
percorre vicoli stretti
e spogli,
lascia alle spalle gioie
e dolori
per avventurarsi
in nascondigli segreti,
in mezzo a gruppi incerti
e sconosciuti,
si infila tra le righe della vita,
lasciando intravedere pensieri
variegati e confusi,
in attesa di speranze
mai condivise e consolidate.

Tempi stretti

Vivi il presente
ogni giorno,
il tempo fugge,
non perderti,
vivi per te,
raccogli e assapora la vita.

Affronta con coraggio
le diversità,
credi nella speranza.

Ogni problema
non è un caso,
sposta lo sguardo altrove,
la soluzione arriverà.

Accettati come sei,
perché tu sei unica.
Amati!

I Nobel

Premio accattivante,
voluto
cercato,
in fila stiamo,
concitati, ma attenti.

Felici del successo,
sospirato,
sfiorato,
ma forse non apprezzato,
assaporato lentamente,
dolcemente invitante,
vittoria velata.

Uomo solo

Assorto,
vedo,
sei trasparente,
come una nuvola
vagante nel cielo.

Sei lontano da te,
uomo solo,
come me,
ti perdi
fra le cime degli alberi,
ad osservare il tramonto della vita.

Accade

Accade qualcosa
in me,
luci, suoni, confusioni,
situazioni difficili,
libera la mente,
attiva il cuore,
ricorda,
vivi
questo istante,
come fosse l'unico,
profondamente, adesso!

Sii te stessa sempre,
stai nell'azione,
solo così vivrai
ogni attimo della vita.

Abbracciati e consolati,
solo tu lo puoi fare,
solo tu sai, cosa fare.

Non dimenticarti,
ascolta il cuore e vivi!

5
Io e l'amore

Noi

Insieme nel mondo,
nella vita,
incontrarsi e poi
perdersi,
dimenticare,
allontanarsi,
vivere ancora
momenti diversi,
più uniti
di sempre.

Sotto le ali

E ti prendo
sotto le ali
argentate,
insieme,
voliamo
lontano da visi sconosciuti.

Nei cieli alti,
vibrano gli uccelli,
stridono i gabbiani,
fuggono
dalla realtà,
rumori assordanti,
spingono a evadere
in lidi lontani.

Ti prendo per mano,
e insieme
irraggiamo pensieri
di luce.

Ricominciare

Dove vuoi,
nella vita,
insieme,
lontani,
vicini,
comprendiamo
la velocità del tempo,
rimane il ricordare
o dimenticare
il vissuto
o il passato,
ancora da scrivere,
una parola, una frase
un percorso
possibile o impossibile,
per spiegarne il contenuto,
difficile o tortuoso,
nel risalire la cima,
per dirti,
ricominciamo da qui!

Una sedia

Una sedia vuota
attende
chi non c'è,

dimenticata nostalgia,
ho versato lacrime amare,
sorrisi infranti,
per ricordare
quello che non conosco,

una sedia,
simbolo di attesa,
di non presenza,
vuoto
da colmare
per necessità altrui.

Ricordi,
quando insieme
aspettavamo l'alba?

L'aurora dorata
risplendeva
in attesa di un nuovo giorno.

6
Io e il sociale

Nonna Luisa

Un libro,
un sorriso,
una mano,
raccontano storie
che fanno bene al cuore.
Un nome,
Luisa,
regala gioia e abbracci
ai bambini di Brignano.

Mani

Mani bianche e nere,
accolgono amore
o nascondono dolori.

Bambini intrecciano
ghirlande fiorite,
innocenza e amicizia
sui volti.

Incontrarsi,
scambiare relazioni,
mani bianche e nere,
abbracciano il mondo,
cuori raccontano
storie dell'universo,
stringere
mani incrociate
per parlare d'amore.

8 Marzo

Festa delle donne!

Festeggiamo le donne,
di ogni razza, cultura e religione,
ricordare
e non dimenticare!

Si dovrebbe
rispettare la donna
in ogni sua forma.

Ognuno faccia la sua parte
se riconosciamo questa data.

Non parliamo di progresso,
innovazioni, evoluzione,
se esistono ancora
delitti
contro le donne.

Non siamo così indifferenti
e superficiali nel ritenerci speciali,
quando nel mondo non esiste
il rispetto delle donne,
quando ancora, accadono
fatti disumani,
non c'è da esserne fieri,
in un paese
non evoluto.

7
Io e la religione

Befana

Vien di notte
a gran velocità,
sorvola tetti,
mari e monti
e consegna caramelle.

Regala sorrisi e meraviglie
che riscaldano il cuore,
una calza traboccante di dolciumi
ai bimbi buoni,
carbone...
per i bimbi meno buoni!

Oh Befana!
È il momento!
E un addio, dobbiamo dare.

Ciao bambini, fate i bravi!

Stella Cometa

Apparve nel cielo,
nella notte silenziosa
e trapunta di stelle,
una cometa luminosa e abbagliante,
una scia di luce
si è posata su una grotta
per dare l'annuncio
della lieta notizia: è nato Gesù!

Natale è passato

Natale è passato,
Santo Stefano l'ha seguito,
pochi giorni son rimasti,
in attesa che facciam?
Chi lavora,
chi riposa,
tra pensieri e decisioni,
è il rito del Veglione a festeggiar!

L'anno Nuovo

L'anno vecchio se ne va,
tra feste, canti e balli,
aspettiamo l'anno che verrà.
Benvenuto anno Nuovo,
ti abbracciamo,
porta doni, salute
e felicità.

Bambin Gesù

Vieni in mezzo a noi,
aiutaci a pregare,
a capirci, ad amare,
siamo fratelli e sorelle,
bisognosi del tuo amore,
accogli i nostri pianti,
sospiri,
insegnaci cos'è l'amore.

Amare gli uni e gli altri,
scambiare sentimenti di gioia
e fratellanza.

Accogli le nostre preghiere
e dona pace a questa umanità,
vivi nei nostri cuori
e portaci verso la tua luce.

Grazia per...

Le persone senza nome,
identità,

bambini dimenticati,
soprusi subiti,
schiavi,

sofferenze gratuite,
pianti e dolori nascosti,
abbandoni.

Ti chiedo Grazia!

Grazia per l'umanità
smarrita e in disgrazia.

GRAZIA PER AMORE!

8
Io e i defunti

Papà

Accendo,
il lume del ricordo,
passi leggeri riportano a te,
lunghi sentieri
avvicinano i pensieri
al tuo sguardo,
il mio cuore
ti attende,
per camminare
insieme,
lungo la via
della vita.

Alda, Alba poetica

Alda,
donna e madre,
privata dalle figlie,
vita nefasta,
solitudini,
guerra,
rinchiusa
in quell'inferno psichiatrico
più volte
e ancora…
la vita si è fermata,
orrori vissuti.

Alda, come l'Alba
rinasce con poesia.
Poesia come gruccia,
riparo,
forza,
sorreggeva il corpo
devastato dal dolore,
anima sofferente,
ferita,
inerme e priva d'amore.

In ricordo di Lucio Dalla

Lucio vive
nella memoria dei bolognesi,
ogni angolo, piazza, luogo,
racconta la storia
di un grande musicista italiano.

Risuonano nell'aria le note
di "Caruso",
"Piazza Grande"
"L'anno che Verrà,"
canzoni
di un cantautore romantico
ricordato dai cittadini con affetto e nostalgia.

A Bologna,
Lucio,
rimarrà nei nostri cuori
come il Faro musicale della musica italiana.

Andrea Pinketts

Scrittore e giornalista,
vincitore di premi letterari
venerato in Francia,
nato in Italia,
ha partecipato a numerose
presenze televisive.
Un genio timido e generoso,
è stato definito uno scrittore
poliedrico,
usava le parole con sicurezza,
aveva la mania delle parole.
Nei suoi scritti troviamo
l'ironia, la profondità
e la sorpresa.
Un animo gentile e ingenuo
a volte,
la sua sensibilità avvolgeva tutti,
si facevano ammaliare
dalla sua verve.
Lo ricorderemo sempre
nei nostri cuori,
come lo scrittore che non amava
i silenzi,
ma la vita intensa e fragorosa.
Arrivederci Andrea,
lassù nel cielo allieterai
con i tuoi scritti gli angeli
e porterai allegria per sempre.

Philippe Daverio

Philippe critico,
storico dell'arte
e gallerista.
Ha allestito diverse mostre,
ricevuto molti incarichi
in programmi d'arte
e cultura.
Chiamato lo storico
con il papillon
e gli occhiali rossi,
dallo stile elegante
e bizzarro.
Incuriosito dai nascosti
angoli di bellezza
che la nostra terra, l'Italia
possiede.
Uomo dallo spirito libero
nelle espressioni
delle sue idee,
amante dell'arte in ogni
sua forma,
ha saputo tutelare i beni
artistici e paesaggisti
della nostra nazione
in maniera esemplare.
È una grande perdita
per noi, non avere
più una persona di

grande prestigio e
spessore come Philippe,
per il suo immenso
impegno nell'arte.
Grazie Philippe,
per averci donato,
protetto e amato
i beni storici
e culturali
della nostra terra!

Sir Sean Connery

Sir Sean
attivista e benefattore
sono le qualità
che emergono nella sua vita.
Interpretazioni di successo
come James Bond,
il famoso agente 007,
negli anni '60,
altri capolavori cinematografici
e teatrali
l'hanno reso famoso.
Lascia l'impronta
per il suo impegno all'ambiente
e alla sua amata Scozia.
Un benefattore terreno,
è un esempio per noi.
Ciao Sean,
ti ricorderemo per sempre!

A Gigi Proietti

Gigi,
grande maestro dell'ironia,
attore dai mille volti
con la sua "carica romana"
ha dato vita
a numerosi personaggi,
soggetti interpretati
magistralmente,
una lingua sciolta,
che sapeva
appassionare il suo pubblico
in ogni ambito.
Un personaggio
che ci ha condotti
per mano
nel suo mondo
per regalarci
momenti unici,
come non ricordare
il "Maresciallo Rocca".
Un istrione che resterà
per sempre nella storia
un'icona della nostra vita,
un amico
che porteremo nel nostro cuore.
Ciao Gigi,
rallegra il cielo
con le tue performance
e aiutaci con le tue risate
a superare questo difficile momento.

In memoria di Stefano D'Orazio

Stefano,
uomo dai forti
sentimenti per gli altri,
aiutava con impegno
le persone sofferenti,
oltre che essere
un grande batterista,
paroliere e cantante
dei Pooh.
Ci lascia dopo aver
contratto il Covid,
un fratello
che rinascerà,
come il titolo
della sua canzone
"Rinascerò".

Raoul Casadei

Re del liscio,
romagnolo doc,
musicista
e compositore italiano,
famoso per il contributo
alla diffusione del ballo
liscio in Italia
e all'estero negli anni '70.
Boom dei successi con la
Mazurka, Romagna Mia,
Romagna Capitale
e Tavola Grande.
Raoul con la sua musica
ci ha dato gioia
e allegria.
Il covid ha spento
il sorriso di Raoul.
Con la sua musica
e un brindisi con il Sangiovese
ricorderemo
nei nostri cuori
il Maestro del Liscio!
Ciao Raoul, incanta e suona la tua musica nei cieli
più alti.

Olivia Newton John

Olivia,
cantante di grande successo,
protagonista insieme a John Travolta
del film "Grease",
ha accompagnato molte teenager
dei nostri tempi e non solo,
persona sensibile e umana,
ha saputo donare
con la semplicità e dolcezza
la vita agli altri,
con la sua associazione
per la ricerca
contro il cancro,
malattia che l'ha portata alla morte.
A Olivia,
grazie per essere stata
un simbolo di trionfi
per oltre trent'anni!

A Piero Angela

Uomo di infinita sapienza
che sapeva comunicare alla gente,
umile e discreto nei gesti,
divulgatore esemplare
della cultura scientifica
e giornalistica.
Persona di grande
spessore umano,
ha lasciato un vuoto,
mancheranno i documentari
da lui condotti,
amati da tutti, compresa me.
Grazie,
per la tua bellissima anima,
arricchirai il cielo
del tuo sapere,
illuminerai
le persone che incontrerai!
Grazie Piero!

Mariangela

Amica di sempre,
ti ho nel cuore
sei e rimarrai
nella mia anima.
Una vita fa
eravamo insieme
nei ricordi di fanciulla,
ci divertivamo e allegre
ricordavamo le nostre avventure.
"Ti ricordi"?, dicevamo…
fra risate, abbracci e sospiri,
il tempo è passato
e tu non ci sei più.
Un doloroso ricordo,
ho nel cuore,
la vita non è giusta,
tu amavi vivere
e fare tante cose.
Cara Mary,
vorrei
che tu fossi qui,
con me,
la tua perdita mi rattrista,
non potrò più abbracciarti
e ridere insieme.
Una preghiera per te,
avrò sempre,
spero che tu sia felice insieme ai tuoi.
La tua felicità sarà la mia.
Ti voglio bene Mary.

9
Io e il femminicidio

Donne Coraggio

È una donna come tante,
che vivono
di botte, lividi,
che segnano
in profondità,
dove è difficile
ma non impossibile
risalire,
rabbia, dolore,
straziano il cuore,
l'essere donna, è stato usato
come straccio.
E buttato tra i rifiuti
senza vita.

Urla

Urla
il mio corpo,
fragile e gelido,
una lama
da taglio
mi sferra
tagli profondi
sulla pelle,
lasciando ferite
sanguinanti.

Gocce,
cadono
a terra,
una mano
animalesca
ferisce
con ferocia
la mia anima,
ormai priva di sensi.

Dolore,
rabbia,
accompagnano
il mio lento cammino
verso la morte,
mi trascino a cercare
aiuto,

ma la mia mano
perde forza
e il mio corpo,
ormai
esanime,
si spegne.

Ero una rosa

Ero una rosa,
fresca e profumata,
gocce di rugiada
scendevano sul viso.

Cosa ne è stato
del tuo sorriso,
delle tue carezze
sfiorate con gentilezza,
ora sono dure
le tue mani,
feriscono
e lasciano
spine di sangue,
la tua rabbia
esplosiva
percuote
senza tregua
il mio corpo,
la mia anima
si accartoccia,
si nasconde,
priva di ogni desiderio,
stanca di questo supplizio
che il giorno
porta con sé.

Una parola sbagliata,
un gesto,
un silenzio

non richiesto
e tutto cambia.

Si distrugge così,
senza un filo di rimorso,
una rosa appassita
e morente.

Manichino di carne

È un corpo,
abbandonato
a terra
senza vita,
danneggiato
da ferite
di morte,
martoriato
senza fine.

Manichino di carne,
putrido,
senza veli,
lasciato ammuffire
nella notte
fredda e scura,
ormai
senza luce.

Amare

Amare,
non fa rima
con violenza.
Una carezza,
non è uno schiaffo.
Il possesso non è amore.
Lei non ti appartiene.
Lei non è tua.
Lei è Amore,
amala,
per quello che è,
col cuore.

10
Io e le poesie su richiesta

Anna

Anna,
ti affacci alla vita
oggi,
siamo con te,
sorridi alla vita,
afferra con forza
e vivi con pienezza
ogni momento che arriva.

Anna, dolce Anna,
che la felicità sia con te,
sempre e per sempre,
sorridi e vai….

Vittoria

Vittoria e Vittoria!
È nata una stella,
occhi color rugiada,
vispi e felici
si aprono al mondo,
come una finestra si apre al mattino.
Viva la vita, viva e Vittoria.

Colombe in volo

Colombe in volo,
raccontano e racchiudono
colori delicati,
profumi antichi e passati.
Pane croccante, nero,
crescenza calda
avvolta nell'ecrù di carta.
Ricordi di casa,
luce calda e avvolgente,
lanterne si mescolano
con legni e sugheri,
sapori freschi, naturali,
rallegrano i palati più fini.
Libertà, purezza, fedeltà,
accostano ingredienti
in piatti che incantano,
combinazioni e intrecci,
ricordano le mani
delle nonne
che impastano con amore,
a creare delizie.

La Storia ha i suoi volti

La storia narra
il vissuto dei fatti,
ricerche e personaggi.
Da qui, tutto è chiaro e lecito,
la parola storia significa
"ricerca del passato",
per il ricordo del futuro.
La vita di ogni persona è storia,
partendo dalle origini più lontane,
parliamo dell'uomo,
il raccontare e raccontarsi
alla storia.
Storia che abbraccia mille volti,
i più nascosti, profondi
e intimi,
per lasciare segni indelebili.
Storia di un passato,
non si ha ricordi,
non si può imparare,
migliorare,
non si può tramandare
ai posteri
la vena storica.

Il Volto della Guerra

Guerra, condizione disumana
per le persone che vivono
in bilico,
tra la vita e la morte.

Non c'è pace,
non c'è amore,
martirio,
lacrime, dolore,
paura,
suoni e lampi

cantine
strette e umide
 aspettare la fine
dei bombardamenti,
pregando di rimanere vivi.

Il cibo scarseggia,
pane secco ammuffito,
sopravvivenza precaria,
ma necessaria,
attaccarsi a un filo d'erba
è prezioso,
perché ci tiene in vita.

12
Io e la poesia

Poesia, Poesie

Scrivere è nell'anima,
ogni cosa è poesia,
lei si presenta
e invita a scrivere,
a donare un pizzico di felicità.
Lei è mia amica
e mi rende speciale,
quando scrivo.

Con lei, io sono piena.

RINGRAZIAMENTI

Ringrazio per le bellissime fotografie il fotografo professionista **Giancarlo Donatini:** attraverso il suo obiettivo è riuscito a cogliere aspetti inusuali del mio essere e della mia anima.

Ringrazio **Marylin Santaniello**, agente lettario, che mi ha aiutato tantissimo e supportato attraverso i suoi sempre preziosi consigli.

Ringrazio **Andrea Glacon**, per il supporto costante e la pazienza: tante trasferte letterarie sono state possibili grazie alla sua presenza.

Ringrazio il mio editore **Nicola Bergamaschi** per aver reso possibile la pubblicazione di questo libro.

NOTE SULL'AUTRICE

Paola Mattioli

Poetessa, scrittrice, sceneggiatrice e pittrice di Bologna.

Ha scritto, con il presente, quattro libri di poesie e un racconto storico contenente storie reali avvenute durante il periodo della seconda guerra mondiale dedicato a sua madre Viera.

Ha pubblicato un'importante opera dedicata alle tradizioni romagnole contenente proverbi, ricette, curiosità e note folcloriche.

Ogni libro che scrive viene dall'anima e segue un percorso interiore.

Paola ha ricevuto importanti premi in tutta Italia, con i suoi tour letterari sta incantando i lettori di tutta la penisola.

Numerosissime le interviste televisive, radiofoniche e sulle reti sociali.

INDICE